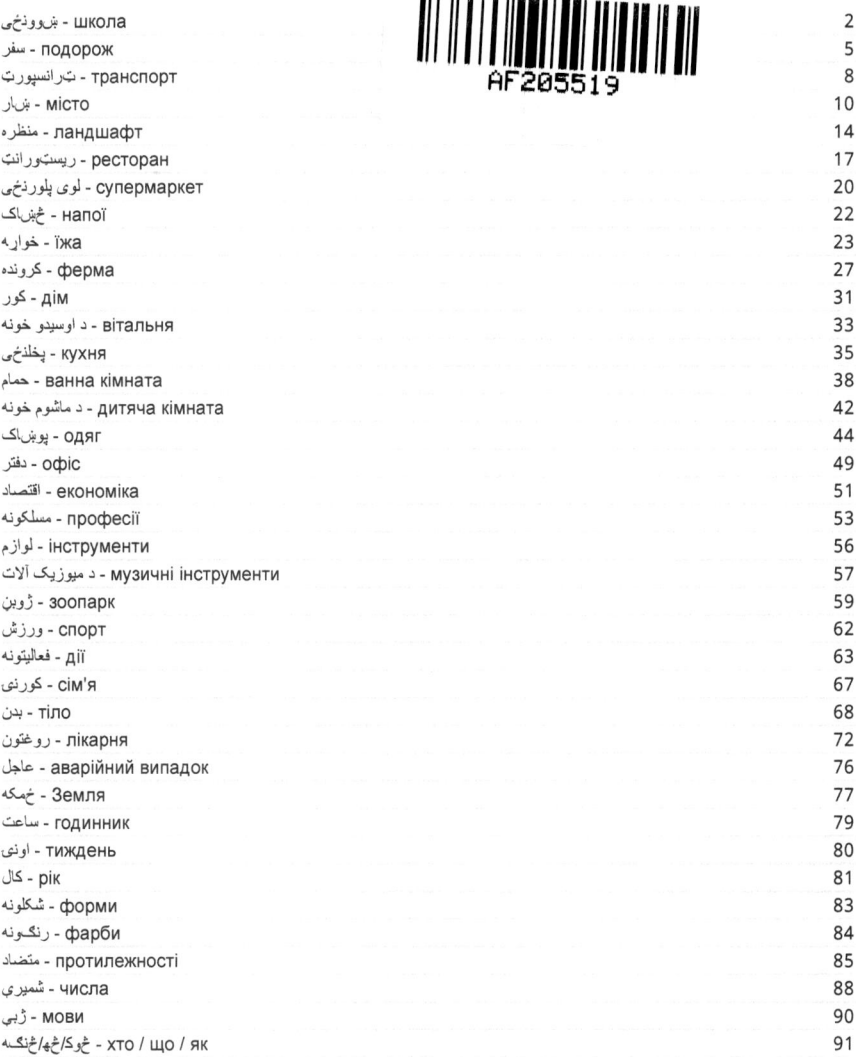

Impressum
Verlag: BABADADA GmbH, Nedderfeld 112 , 22529 Hamburg
Geschäftsführer / Verlagsleitung: Harald Hof
Druck: Books on Demand GmbH, In de Tarpen 42, 22848 Norderstedt

Imprint
Publisher: BABADADA GmbH, Nedderfeld 112 , 22529 Hamburg, Germany
Managing Director / Publishing direction: Harald Hof
Print: Books on Demand GmbH, In de Tarpen 42, 22848 Norderstedt, Germany

ښوونځی
школа

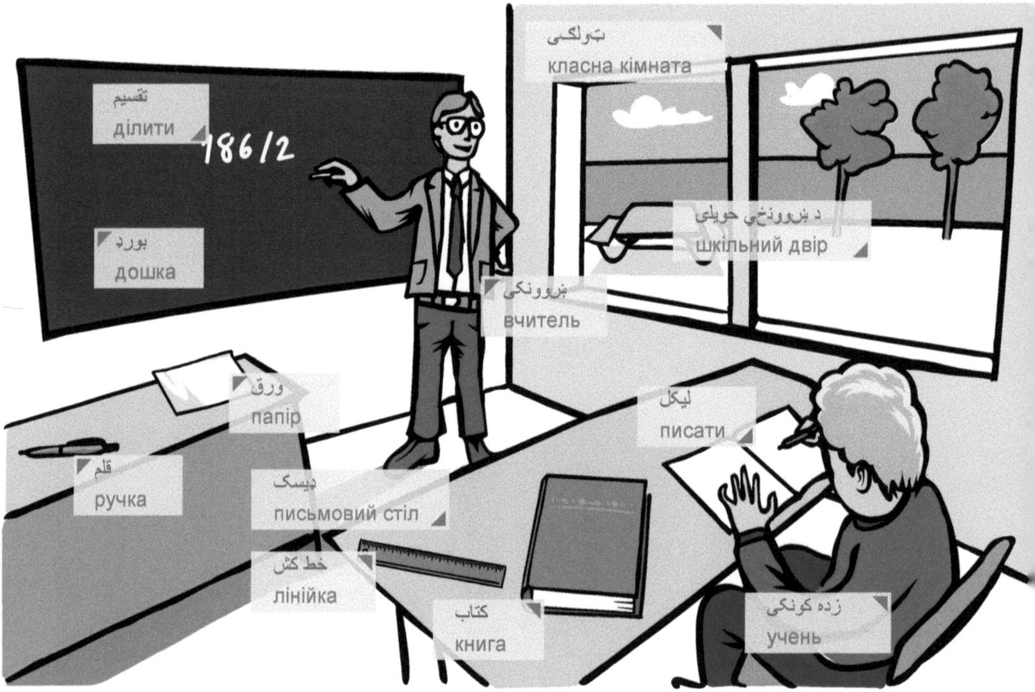

ټولګی
класна кімната
تقسیم
ділити
186/2
بورډ
дошка
د ښوونځي حویلی
шкільний двір
ښوونکی
вчитель
ورق
папір
لیکل
писати
قلم
ручка
ډیسک
письмовий стіл
خط کش
лінійка
کتاب
книга
زده کونکی
учень

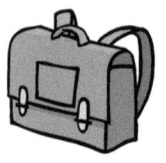

کڅوړه

ранець

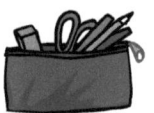

د پنسل بکسه

пенал

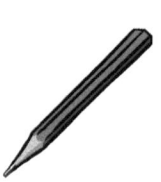

پنسل

олівець

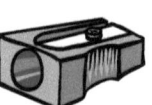

پنسل تراش

точило

ربړ

гумка

د رسامۍ پاڼه

альбом для малювання

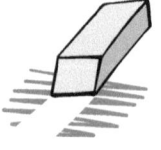

رسامي

малюнок

د نقاشی برس

пензель

د نقاشی بکس

коробка фарб

قیچي

ножиці

سریش

клей

د تمرین کتاب

зошит

کورنی دنده

домашнє завдання

شمیر

число

جمع

додавати

منفي

віднімати

ضرب

множити

حساب

рахувати

توری

літера

الفبا

абетка

hello

کلمه

слово

متن

текст

لوستل

читати

تباشیر

крейда

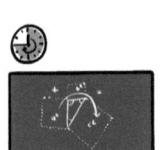

درس

година

راجستر

класний журнал

ازموینه

екзамен

تصدیق پاڼه

диплом

د ښوونځي یونیفارم

шкільна форма

تعلیم

освіта

دایره المعارف

лексикон

پوهنتون

університет

مایکروسکوپ

мікроскоп

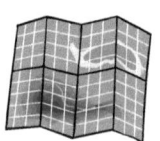

نقشه

карта

اشغالدانی

кошик для паперу

ښوونځی - школа

سفر

подорож

هوټل
готель
Grand
ROOMS
ليليه
турбаза
EXCHANGE
د اسعارو د تبادلې دفتر
обмінний пункт
بکس
валіза
موټر
автомобіль

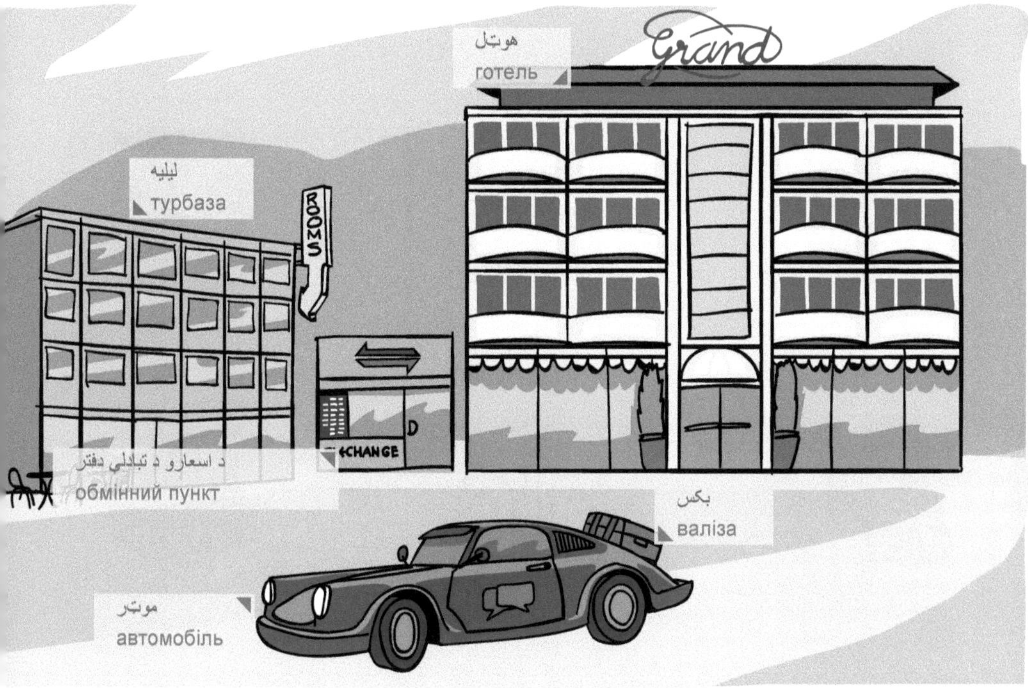

ژبه

мова

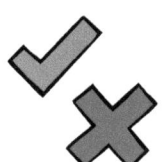

هو/نه

так / ні

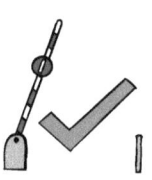

سمه ده

добре

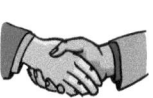

سلام

привіт

ژباړونکی

перекладач

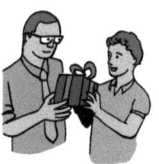

مننه

дякую

څومره دي ...؟

Скільки коштує ...?

زه نه پوهېږم

Я не розумію

ستونزه

проблема

ماښام مو پخیر!

Добрий вечір!

سهار په خیر!

Доброго ранку!

شپه په خیر!

На добраніч!

په مخه مو ښه

До побачення

لاربرښود

напрямок

سامان

багаж

بیگ

сумка

شاتنی بکس

рюкзак

مېلمه

гість

خونه

кімната

د خوب کڅوړه

спальний мішок

خیمه

намет

د توریزم معلومات

туристична інформація

ساحل

пляж

کریډیټ کارت

кредитна картка

ناری

сніданок

د غرمي خواړه

обід

د شپې خواړه

вечеря

ټیکټ

квиток

لفټ

ліфт

مهر

поштова марка

پوله

межа

کمرک

митниця

سفارت

посольство

ویزه

віза

پاسپورت

паспорт

ټرانسپورټ

транспорт

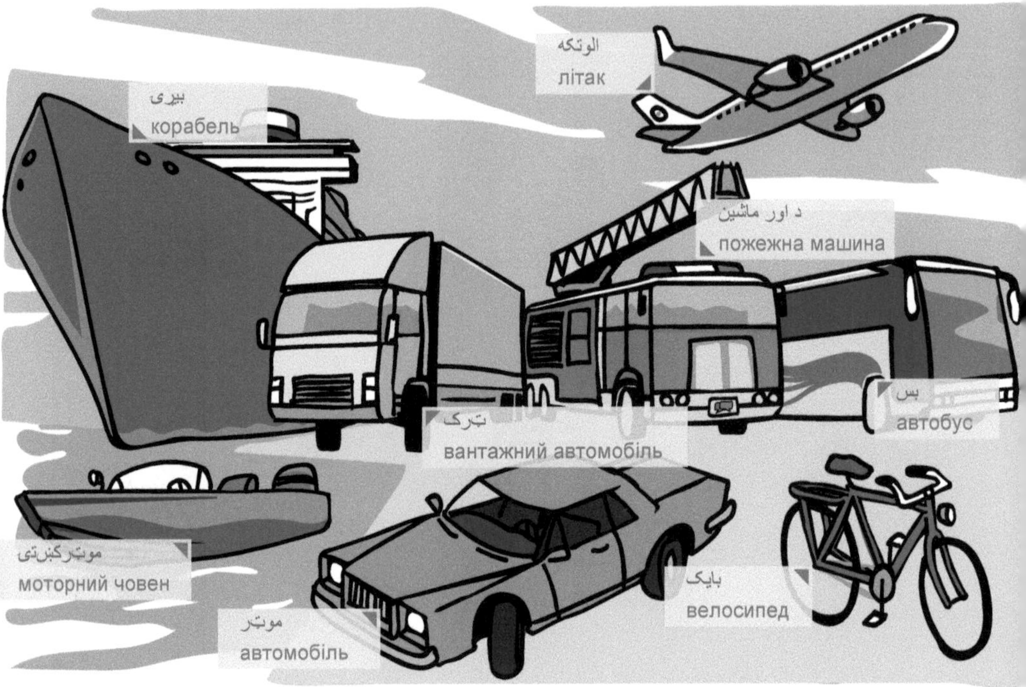
الوتکه
літак
بېړۍ
корабель
د اور ماشین
пожежна машина
بس
автобус
ټرک
вантажний автомобіль
موټرکښتۍ
моторний човен
بایک
велосипед
موټر
автомобіль

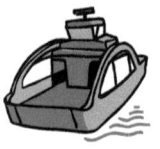

کښتۍ

пором

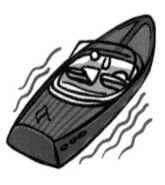

کښتۍ

човен

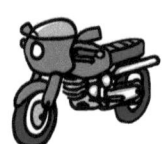

موټرسایکل

мотоцикл

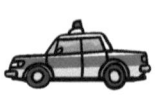

د پولیسو موټر

поліцейська машина

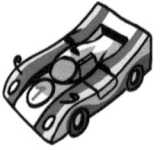

د ریس موټر

гоночний автомобіль

کرایي موټر

автомобіль на прокат

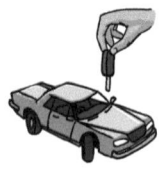

د کرایه موټری

спільне користування авто

جرثقیل لرونکی ټرک

евакуатор

ریفیوز ټرک

сміттєвоз

موټر

двигун

سونګ توکی

паливо

پټرول سټیشن

автозаправна станція

ترافیکي نښه

дорожній знак

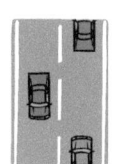

ترافیک

рух

جام ترافیک

затор

د موټرو تمځای

стоянка

د ریل سټیشن

вокзал

پټتکي

рейки

ریل

потяг

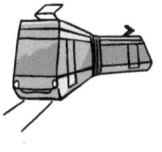

ټرام

трамвай

واګون

вагон

چورلکه

гелікоптер

هوايي ډگر

аеропорт

برج

вежа

مسافر

пасажир

کانټينر

контейнер

کارتون

коробка

کارت

візок

ټوکرى

кошик

الوتنه کول/کښيناستل

стартувати / приземлятися

ښار

місто

کلى

село

د ښار مرکز

центр міста

کور

дім

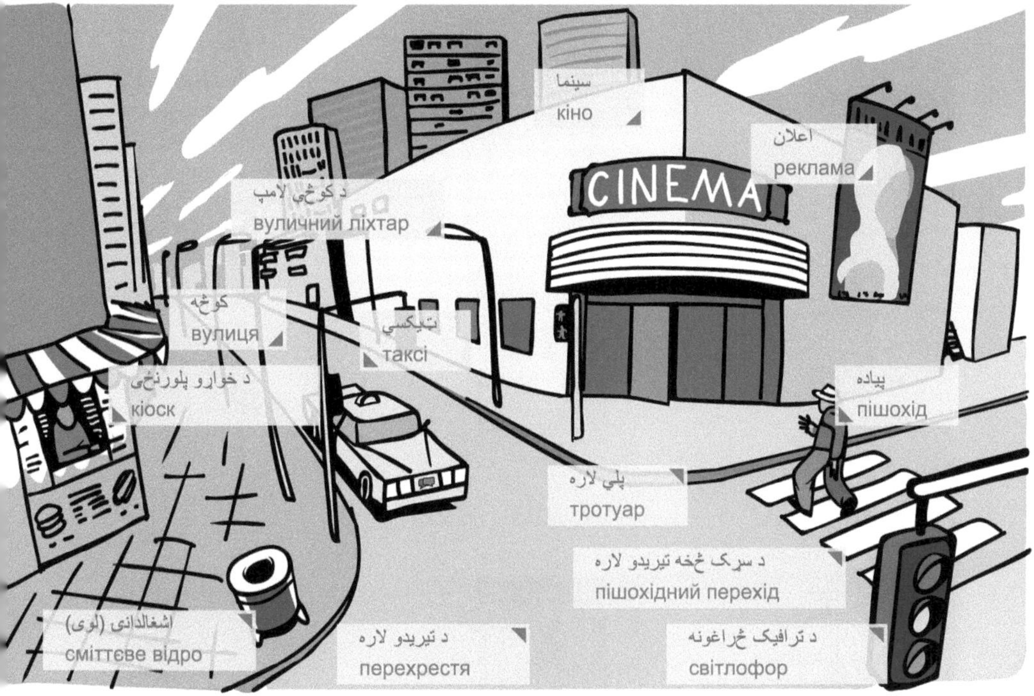

سینما
кіно

اعلان
реклама

د کوڅې لامپ
вуличний ліхтар

کوڅه
вулиця

نیکسي
таксі

پیاده
пішохід

د خوارو پلورنخی
кіоск

پلي لاره
тротуар

د سرک څخه تیریدو لاره
пішохідний перехід

اشغالدانی (لوی)
сміттєве відро

د تیریدو لاره
перехрестя

د ترافیک څراغونه
світлофор

کوډله
....
хатина

اپارتمان
....
квартира

د ریل سټیشن
....
вокзал

ټاون هال
....
ратуша

میوزیم
....
музей

ښوونخی
....
школа

پوهنتون

університет

بانک

банк

روغتون

лікарня

هوتل

готель

درملتون

аптека

دفتر

офіс

کتاب پلورنځی

книжковий магазин

پلورنځی

магазин

د گلانو پلورنځی

квітковий магазин

لوی پلورنځی

супермаркет

مارکیټ

ринок

د ډیپارټمنټ سټور

універмаг

کب پلورنځی

торговець рибою

د پلور مرکز

торговельний центр

لنگرتون

гавань

پارک

پارک

بينچ

лава

پل

міст

زينه

сходи

د ځمکي لاندى

метро

تونل

тунель

بس تمځای

автобусна зупинка

بار

бар

ریستورانت

ресторан

پوست بکس

поштова скринька

د کوڅي نښه

вулична табличка

د پارک کولو میټر

лічильник паркування

ژوبڼ

зоопарк

د لامبو حوض

басейн

مسجد

мечеть

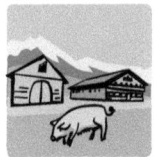

کرونده

ферма

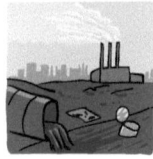

ناپاکي

забруднення навколишнього середовища

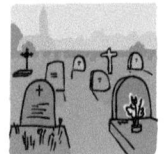

هديره

кладовище

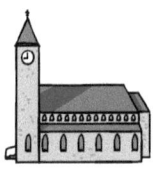

چرچ

церква

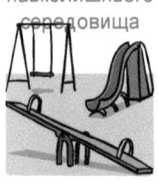

د لوبو ډګر

дитячий майданчик

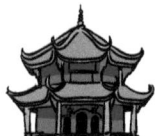

معبد/کليسا

храм

منظره

ландшафт

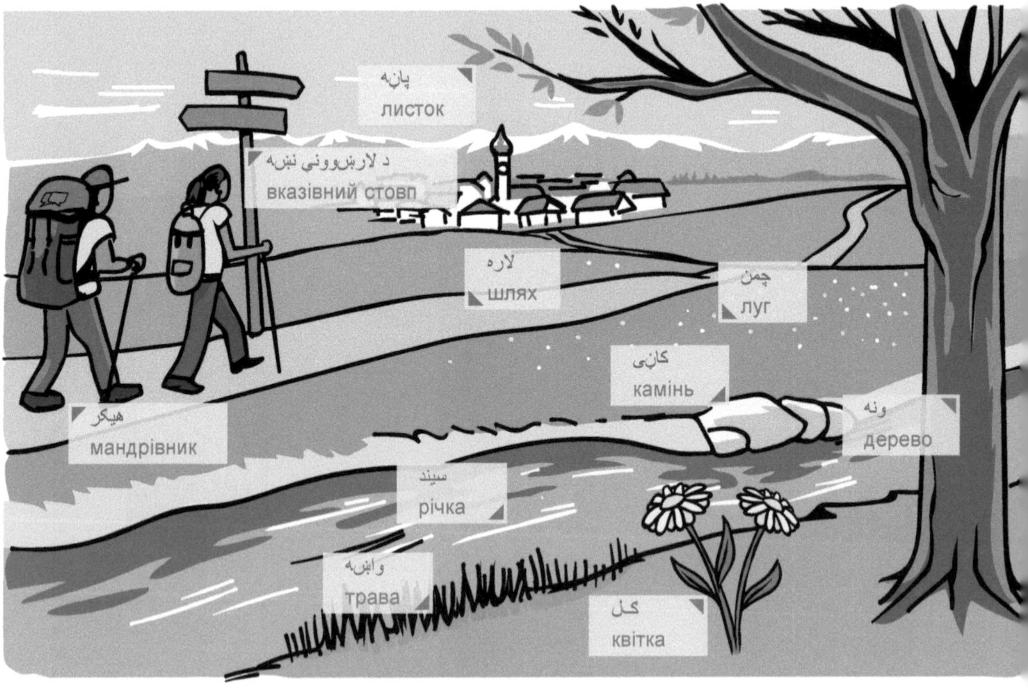

پاڼه
листок
د لارښوونې نښه
вказівний стовп
لاره
шлях
چمن
луг
کاڼی
камінь
هيکر
мандрівник
ونه
дерево
سيند
річка
واښه
трава
ګل
квітка

دره
....
долина

غوندۍ
....
гора

ناور
....
озеро

ځنګل
....
ліс

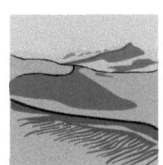

دښته
....
пустеля

اورشيندى
....
вулкан

کلا
....
замок

رنگين کمان
....
веселка

مرخيړي
....
гриб

پلم ونه
....
пальма

ماشي
....
комар

الوتل
....
муха

ميږى
....
мурашка

مچۍ
....
бджола

غوندۍ/جولا
....
павук

كونكت

жук

چونگشه

жаба

نولى

вивірка

زيږكى

їжак

سوى

заєць

كونگ

сова

مرغۍ

птах

قازه

лебідь

نرخوگ

кабан

هوسۍ

олень

گاوزه

лось

بند

гребля

بادي توربين

вітряк

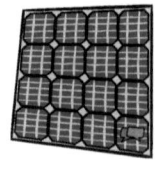

سولر تختي

сонячний модуль

اقليم

клімат

ریسټورانټ

ресторан

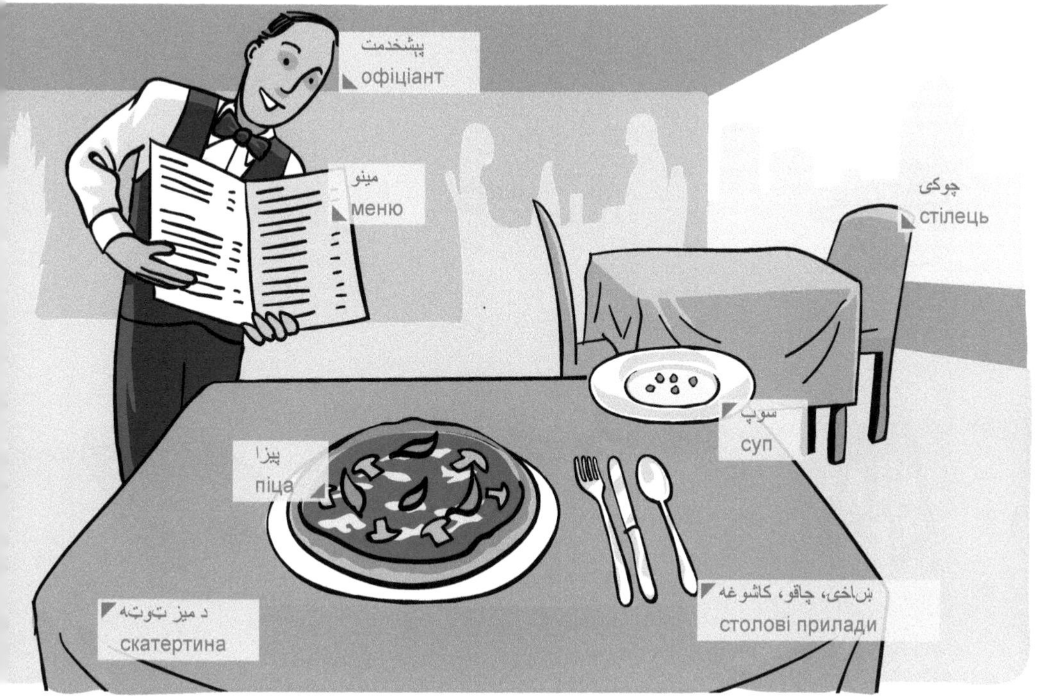

پیشخدمت
офіціант
مینو
меню
چوکۍ
стілець
سوپ
суп
پیزا
піца
د میز ټوټه
скатертина
ښاخۍ، چاقو، کاشوغه
столові прилади

سټارټر

закуска

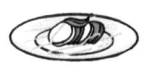

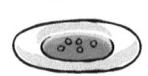

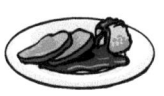

اصلي خواړه

друга страва

شیریني

десерт

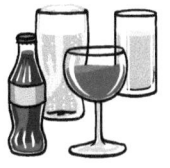

څښاک

напої

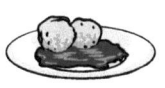

خواړه

їжа

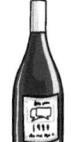

بوتل

пляшка

فاسټ فوډ

фаст-фуд

د کوڅې خوارہ

вулична їжа

چای جوش

чайник

قندانی

цукорниця

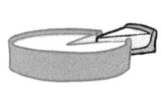

برخه

порція

أسپرسو مشين

еспресо-машина

لوړہ چوکۍ

високий стільчик

رسيد

рахунок

مجمه

піднос

چاکو

ніж

پنجه

вилка

قاشق

ложка

چای قاشق

чайна ложка

سوروپت

серветка

گلاس

склянка

ريستورانت - ресторан

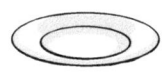

پلیټ

تارілка

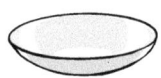

د سوپ پلیټ

тарілка для супу

نالبکی

блюдце

ساس

соус

مالګه شیندونکی

солонка

د مرچ ټکولو لوخی

млин для перцю

سرکه

оцет

غوړي

масло

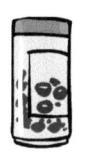

مساله

спеції

کچ اپ

кетчуп

شُرشَم

гірчиця

چکه

майонез

لوی پلورنځی

супермаркет

ځانګړی وړاندیز
пропозиція
FOR
پیرودونکی
клієнт
لبنیات
молочні продукти
میوه
фрукти
لاسي ځرخ
візок для покупок

BUTCHERS

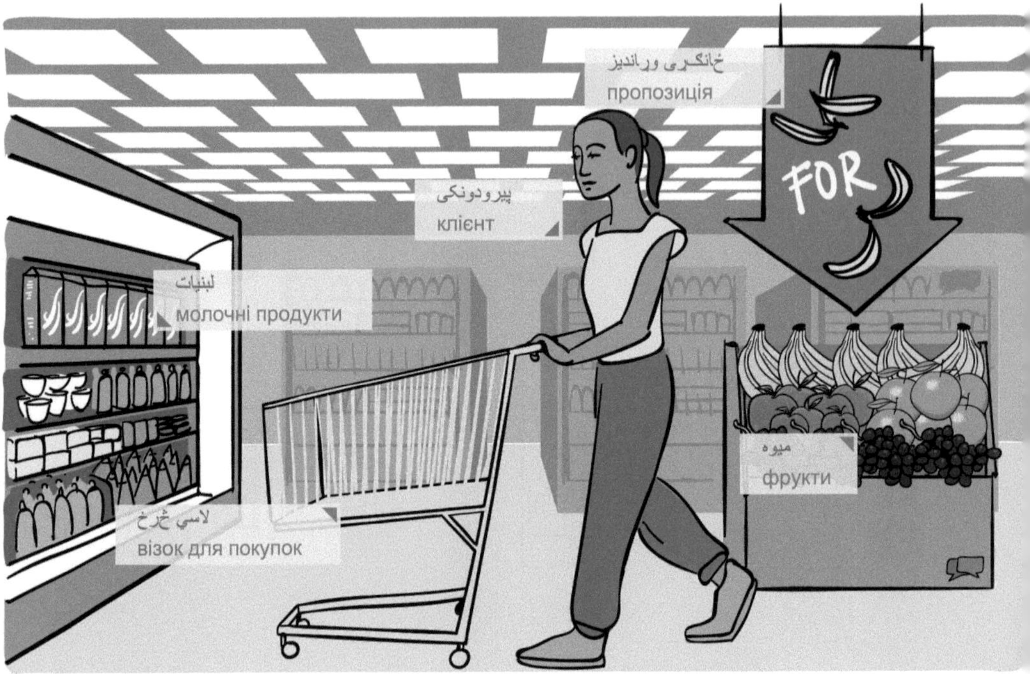

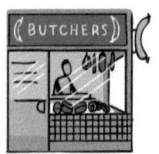

قصابي

м'ясний магазин

BAKERY

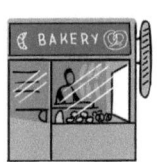

نانوایی

пекарня

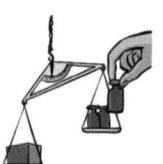

وزن کول

зважувати

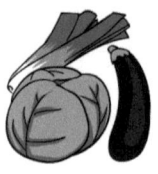

سبزیجات

овочі

غوښه

м'ясо

کنګل خواړه

заморожені продукти

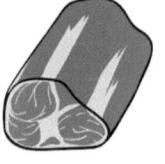

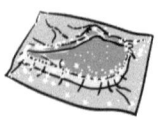

يخه غوښه

ковбасна нарізка

کنسروا خواره

консерви

د مینځلو پودر

пральний порошок

شیریني

солодощі

کورني تولیدات

предмети домашнього побуту

د پاکولو محصولات

мийний засіб

د پلور فرد

продавщиця

د نغدي راجستر

каса

صراف

касир

د پیرود لیست

список покупок

کاري ساعتونه

часи роботи

بټوه

гаманець

کریدیت کارت

кредитна картка

کڅوړه

сумка

پلاستیک کڅوړه

поліетиленовий пакет

اوبه

вода

جوس

сік

شیده

молоко

کوک

кола

واین

вино

بیر

пиво

الکول

алкоголь

ککاو

какао

چای

чай

کافي

кава

اسپرسو

еспресо

کپچینو

капучіно

كيله

банан

من‌ه

яблуко

نارنج

апельсин

هندوانه

кавун

ليمو

лимон

گازره

морква

هوږه

часник

بانکس

бамбук

پياز

цибуля

مرخيري

гриб

چغزی

горішки

آش

локшина

سپيگتي

спагеті

وريجي

рис

سلاد

салат

چپس

картопля фрі

سره كري كچالو

смажена картопля

پيزا

піца

همبرگر

гамбургер

سانډويچ

бутерброд

كتزه

шніцель

د پتون غوښه

шинка

سلمي

салямі

ساسچ

ковбаса

چرګ

курка

روست

печеня

كب

риба

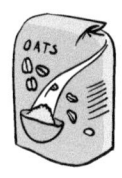

د وربشی شیرني

вівсяні пластівці

موسلي

мюслі

د جوار پلی

кукурудзяні пластівці

اوړه

борошно

کروسانت

круасан

د ډوډی رول

булочка

ډوډی

хліб

تـوسـت

тостовий хліб

بسکیت

печиво

کوچ

масло

چکه

сир

کیک

пиріг

هګۍ

яйце

پنسي هګۍ

яєчня

پنیر

сир

أيس كريم
....
морозиво

بوره
....
цукор

شهد
....
мед

مربا
....
мармелад

نوگـات كريم
....
нуга-крем

كوركمان
....
карі

کرونده

ферма

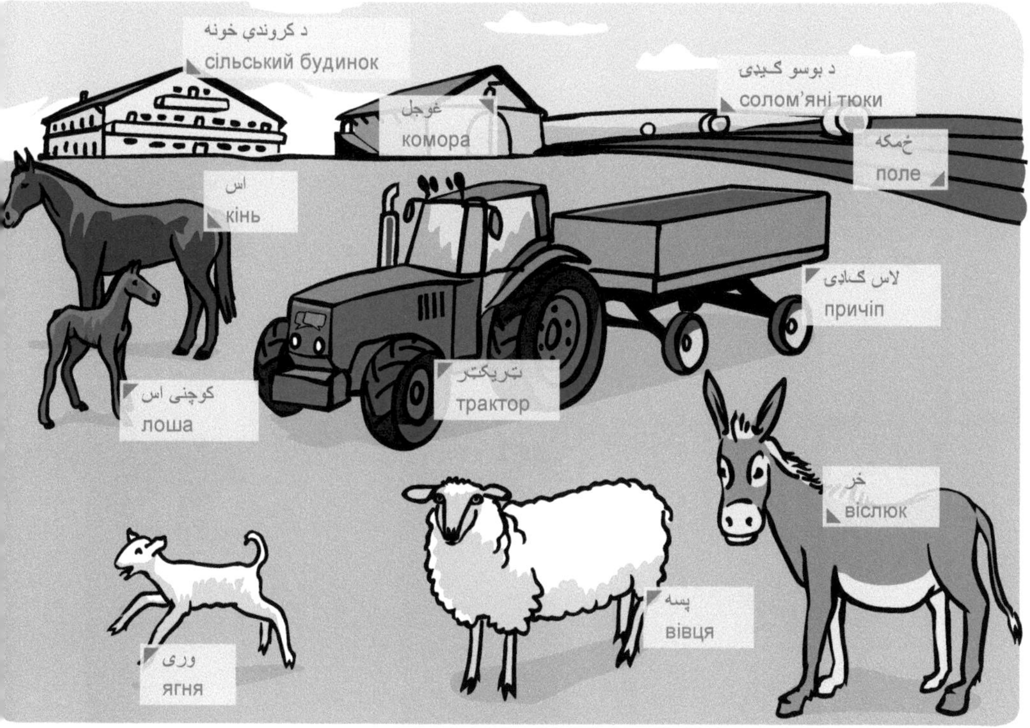

د کروندي خونه
сільський будинок
د بوسو ګیډی
солом’яні тюки
غوجل
комора
ځمکه
поле
اس
кінь
لاس ګاډی
причіп
ټریکټر
трактор
کوچنی اس
лоша
خر
віслюк
پسه
вівця
وری
ягня

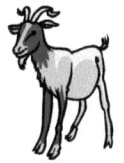

وزه

коза

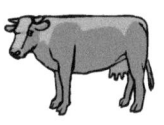

غوا

корова

خوسکی

теля

خوګ

свиня

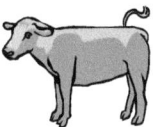

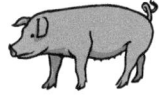

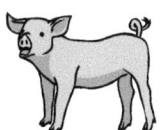

د خوګ بچی

порося

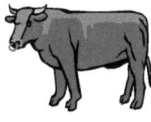

غویی

бик

بته

گوسک

هیلۍ

качка

چرګوری

курча

چرګه

курка

بانگي

півень

سارای موږک

щур

پیشک

кіт

موږک

миша

غویی

віл

سپی

собака

د سپي خونه

собача будка

د باغ هوز

садовий шланг

د اوبو لوخی

лійка

لور (داس)

коса

يوی

плуг

کروندہ - ферма

لور

серп

رمبى

мотика

بنياخى

вила

تبر

сокира

كراچى

тачка

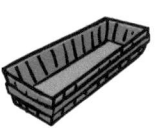

ناوه

корито

د شيدو لوخى

бідон молока

جوال

мішок

كتاره

паркан

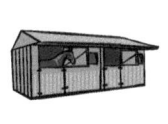

مضبوط

хлів

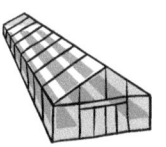

شنه خونه

теплиця

خاوره

ґрунт

تخم

насіння

سره/كود

добриво

كـد ريبونكى ماشين

комбайн

زيرمه کول
....
пожинати

درمند
....
урожай

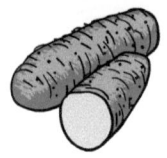

خواره کچالو
....
корінь ямсу

غنم
....
пшениця

سويا
....
соя

کچالو
....
картопля

جوار
....
кукурудза

نباتي تخم
....
ріпак

د ميوي ونه
....
плодове дерево

مانيوک
....
маніок

غله
....
злаки

درغه
димохід

بام
дах

ناودان
водостічний лоток

کرکی
вікно

کراج
гараж

د دروازي زنگ
дзвінок

دروازه
двері

اشغالدانی
відро для сміття

د ليک بکس
поштова скринька

باغ
сад

د اوسیدو خونه
....
вітальня

حمام
....
ванна кімната

پخلنځی
....
кухня

د ویده کیدو خونه
....
спальня

د ماشوم خونه
....
дитяча кімната

د خوارو خونه
....
їдальня

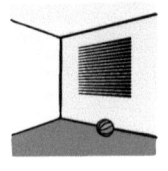

فرش

підлога

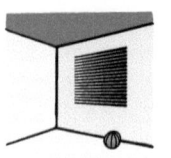

ديوال

стіна

چت

стеля

زيرخانه

підвал

سونا

сауна

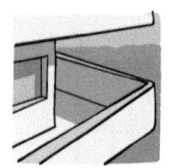

بالكوني

балкон

تراس

тераса

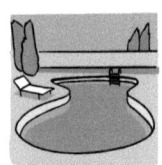

حوض

басейн

د چمن وهلو ماشين

косарка

شيت

простирало

روجايى

ковдра

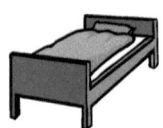

تخت

ліжко

جارو

мітла

بوكه

відро

سويچ

перемикач

کور - دім

د اوسیدو خونه

вітальня

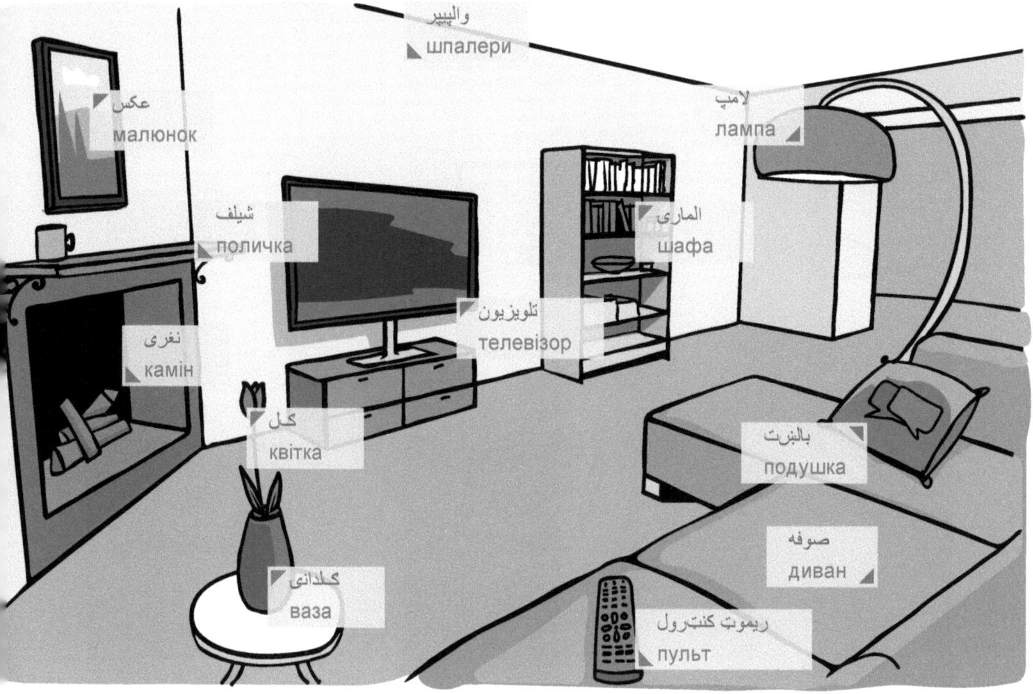

والپیپر
шпалери
عکس
малюнок
لامپ
лампа
شیلف
поличка
الماری
шафа
تلویزیون
телевізор
نغری
камін
ګل
квітка
بالښت
подушка
صوفه
диван
ګلدانی
ваза
ریموټ کنټرول
пульт

غالی

килим

پرده

завіса

میز

стіл

چوکی

стілець

تاویدونکې چوکی

крісло-гойдалка

بازو لرونکی چوکی

крісло

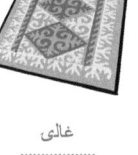

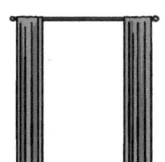

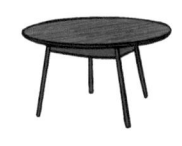

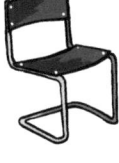

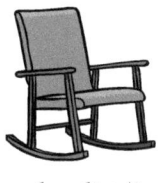

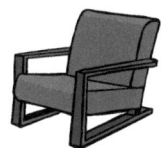

کتاب

книга

کمپل

ковдра

ډیکوریشن

прикраса

د اور لرګي

дрова

فلم

фільм

هایفای

стереосистема

کلي

ключ

ورځپانه

газета

نقاشي

картина

پوسټر

плакат

راډیو

радіо

کتابچه

блокнот

واکیوم جارو

пилосос

کاکټوس

кактус

شمع

свічка

پخلنځی
кухня

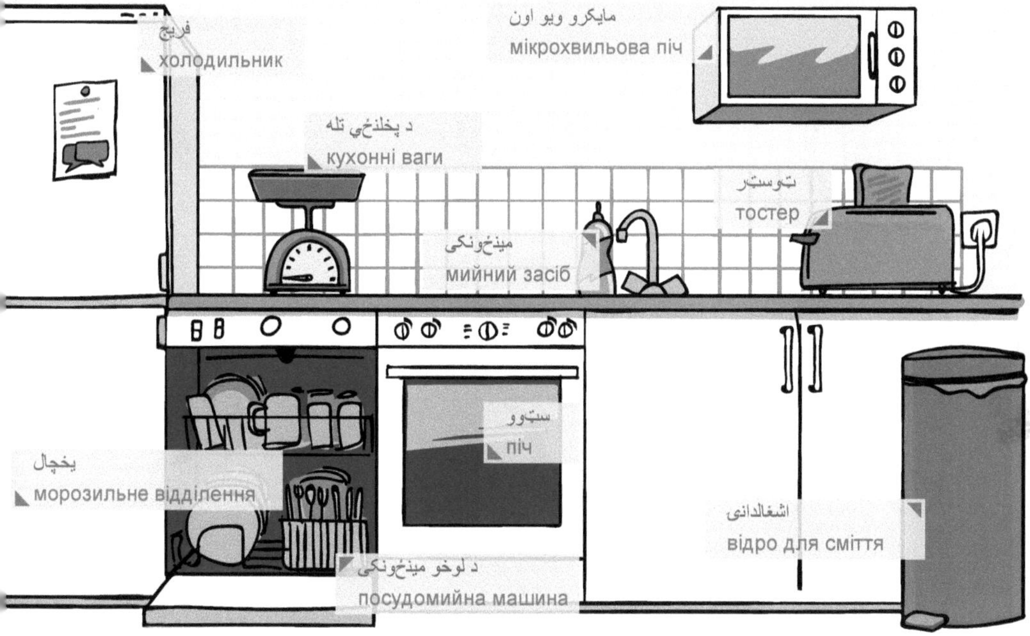

فریج
холодильник
مایکرو ویو اون
мікрохвильова піч
د پخلنځي تله
кухонні ваги
ټوسټر
тостер
مینځونکی
мийний засіб
سټوو
піч
یخچال
морозильне відділення
اشغالدانی
відро для сміття
د لوخو مینځونکی
посудомийна машина

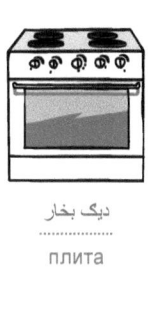

دیګ بخار

плита

لوخی

горщик

چدني لوخی

чавунний горщик

ووک

вок / кадай

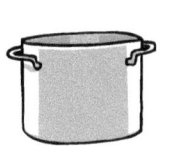

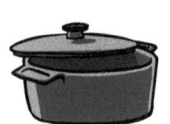

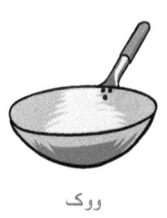

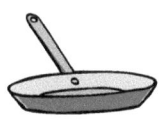

د تلي په

сковорода

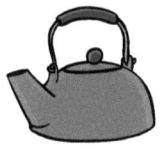

چای جوش

чайник

د بخار دیگ

پاروارکا

پتنوس

лист

لوخي

посуд

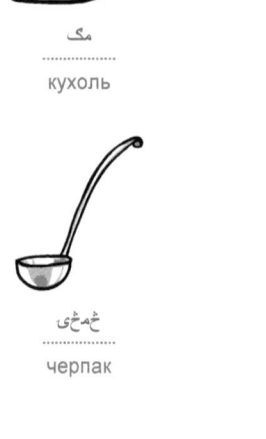

مگ

кухоль

کاسه

чаша

د رانیولو اوزار

палички для їжі

څمڅۍ

черпак

کفګیر

лопатка

پاکونکی

вінчик для збивання

صافي

сито

غلبیل

сито

ګریتر

терка

اونګ

ступка

بار بي کیو

барбекю

خلاص اور

багаття

تخته

дошка

هوارونکی

качалка

کارک سکريو

штопор

ټېم

конзерва

د ټېم خلاصونکی

відкривачка

د لوخي تبوتـه

прихватки

ظرف ښوی

раковина

برس

щітка

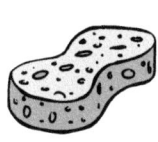

سپنج

губка

بلیندر

міксер

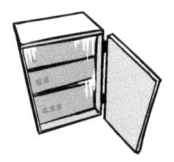

ژور يخچال

морозильна камера

د ماشوم بوتل

дитяча пляшка

نل

кран

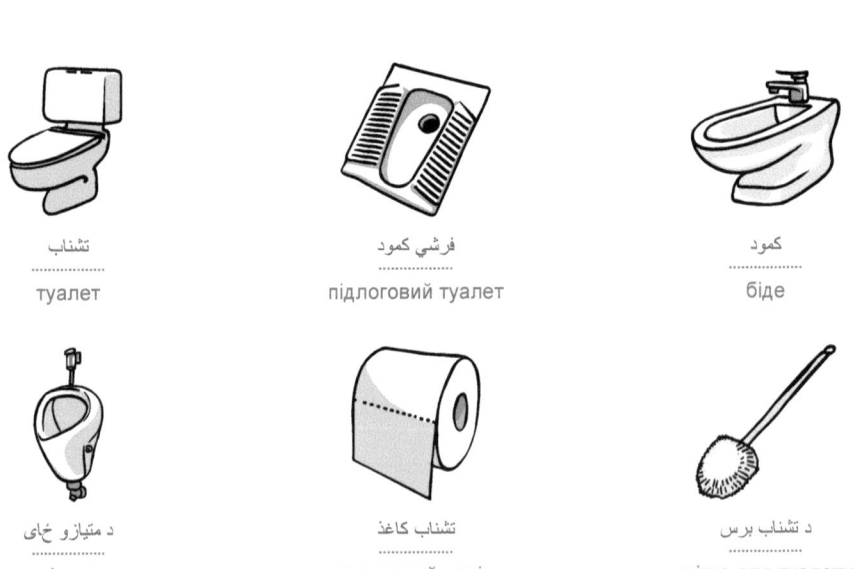

حمام

ванна кімната

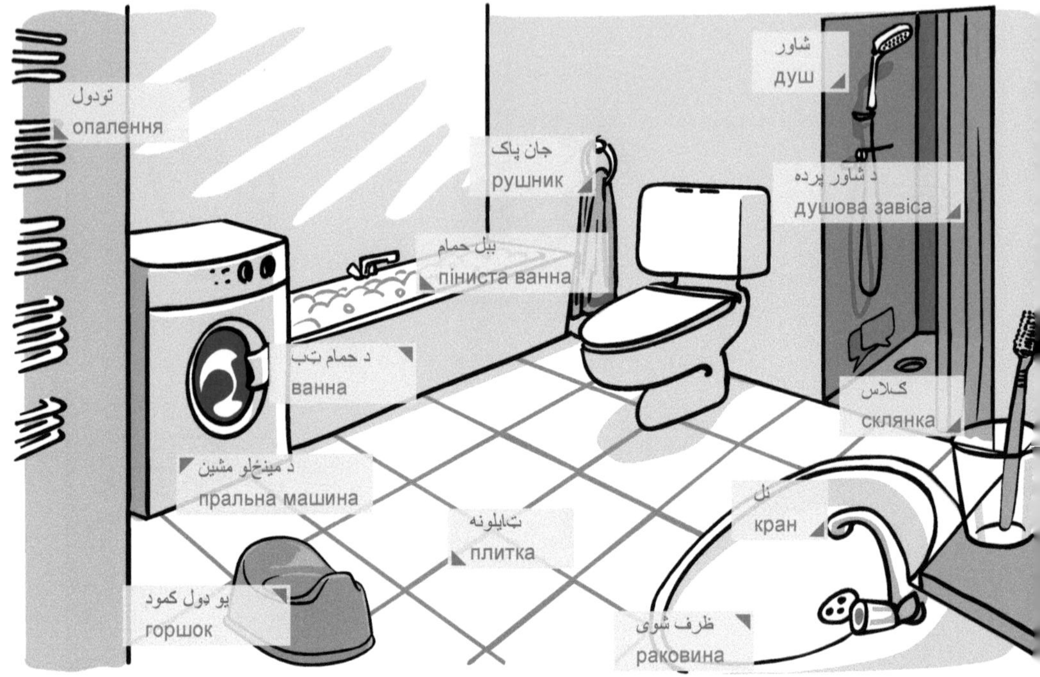
тодол
опалення
جان پاک
рушник
شاور
душ
د شاور پرده
душова завіса
ببل حمام
піниста ванна
د حمام ټب
ванна
ګلاس
склянка
د مينځلو مشين
пральна машина
نل
кран
ټايلونه
плитка
يو دول کمود
горшок
ظرف شوی
раковина

تشناب
....
туалет

فرشي کمود
....
підлоговий туалет

کمود
....
біде

د متيازو ځای
....
пісуар

تشناب کاغذ
....
туалетний папір

د تشناب برس
....
щітка для туалету

د غاښونو برس

зубна щітка

د غاښونو کریم

зубна паста

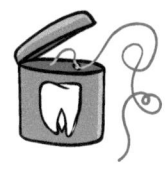

د غاښونو نخ

нитка для чищення зубів

مینځل

мити

لاسي شاور

ручний душ

دوش

інтимний душ

خانک

таз

د شا برس

щітка для спини

صابون

мило

د شاور ژل

гель для душу

شامپو

шампунь

فلانل جامه

мочалка

وچول

водостік

کریم

крем

سپری

дезодорант

آینه

دزеркало

لاسي آینه

косметичне дзеркало

ریزر

бритва

د خریلو فوم

піна для гоління

د خریلو وروسته

лосьйон після гоління

ګمنځخ

гребінь

برس

щітка

د ویښتانو وچونکی

фен

د ویښتانو سپری

лак для волосся

میک اپ

косметика

لیپ ستیک

губна помада

د نوکانو پالش

лак для нігтів

کاتن وری

вата

ناخن ګیر

ножиці для нігтів

عطر

парфум

د مینځلو کڅوړه

косметичка

ستول

табурет

د وزن کولو تله

ваги

د حمام پوښاک

халат

د ربر دستکش

гумові рукавички

تامپون

тампон

صحیی جان پاک

гігієнічні прокладки

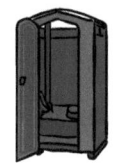

کیمیکل تشناب

біотуалет

د ماشوم خونه

дитяча кімната

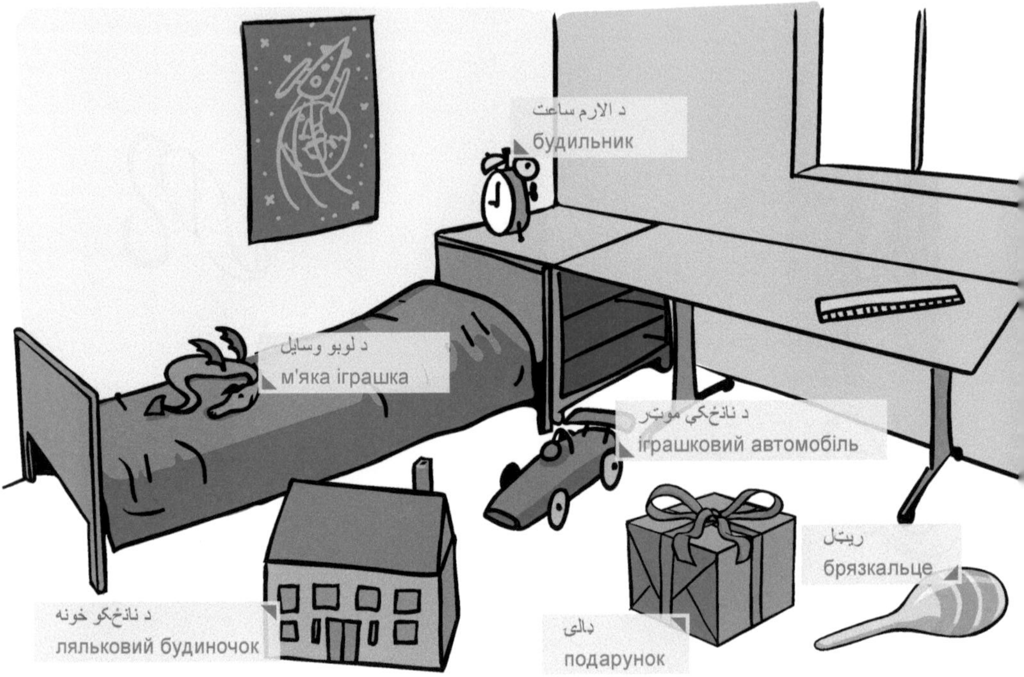

د الارم ساعت
будильник
د لوبو وسایل
м'яка іграшка
د نانځکي موټر
іграшковий автомобіль
ریټل
брязкальце
د نانځکو خونه
ляльковий будиночок
ډالۍ
подарунок

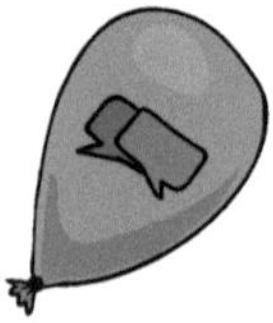

بالون

повітряна кулька

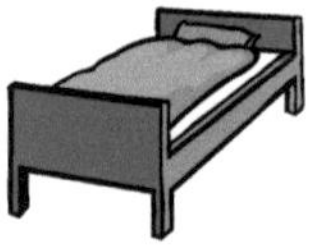

تخت

ліжко

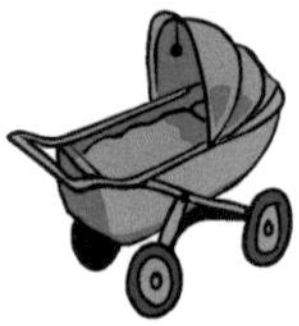

کالسکه

дитячий візок

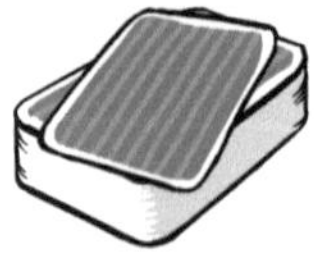

د لوبو ورقې

картярська гра

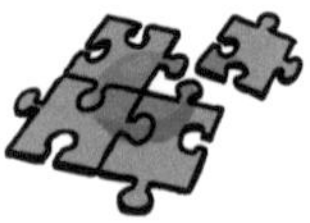

جيګسا

пазл

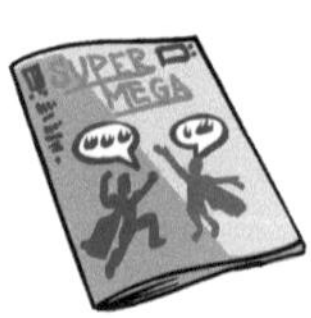

SUPER
MEGA

مسخره

комікс

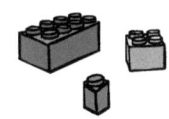

لیګو بریک

لего цеглинки

د نانخ‌کو بلاک

блоки

د اکشن فیګور

іграшкова фігурка

د ماشوم پوښاک

повзунки

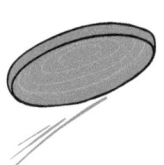

فریزبي

фризбі

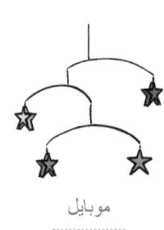

موبایل

мобіле

بورډ لوبه

настільна гра

تاس

кубик

ماډل ریل سیت

модель залізнична станція

ګونګښی

соска

پارتي

вечірка

د عکسونو البوم

книжка з картинками

بال

м'яч

نانځکه

лялька

لوبیدل

грати

د ښګو کنده

پісочниця

سوينګ

гойдалка

نانځکي

іграшка

د ويډيو لوبو کنسول

гральна консоль

نترای سايکل

триколісний велосипед

ګوډکه

плюшевий мішка

د کالو الماری

шафа

جرابی

шкарпетки

لوړي جرابی

панчохи

تايتس

колготки

زروکی
шарф

کمربند
ремінь

چترى
парасоля

ټي شرت
футболка

بوټان
чоботи

سليپر
домашнє взуття

سنيکر
кросівки

سيندل
сандалі

بوټان
взуття

د ریر بوټان
гумові чоботи

زیرنیکري
труси

سينه بند
бюстгальтер

واسکټ
нижня сорочка

بادي

بودي

پتلون

штани

جينز

джинси

لمن

спідниця

بلاوز

блузка

شرت

сорочка

بنيان

пуловер

سويتر

светр

بليزر

піджак

جاكت

куртка

كوت

пальто

د باران كوت

дощовик

پوښاك

костюм

كالي

сукня

د واده پوښاك

весільна сукня

دريشي

костюм

د ښپي پوښاک

нічна сорочка

پاجامه

піжама

ساري

сарі

لوپته

головна хустка

پټکی

чалма

برقه

бурка

کفتن

кафтан

عبا

абая

د لامبو پوښاک

купальник

نيکر

плавки

شارټ

шорти

د خُغاستی پوښاک

тренувальний костюм

پیش بند

фартух

دستکش

рукавички

بتن

гудзик

عینک

окуляри

لاس بند

браслет

غاړه کی

ланцюг

ګوتمه

кільце

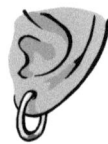

غوږوالی

сережка

خولی

шапка

کوټ بند

плічка

خولی

капелюх

ټایی

краватка

خنځیر

застібка-блискавка

هیلمیټ

шолом

ترونکی

підтяжки

د ښوونځي یونیفارم

шкільна форма

یونیفارم

уніформа

بیب

нагрудник

کونگشی

соска

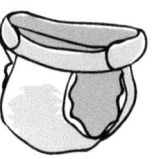

نیپی

підгузок

офіс

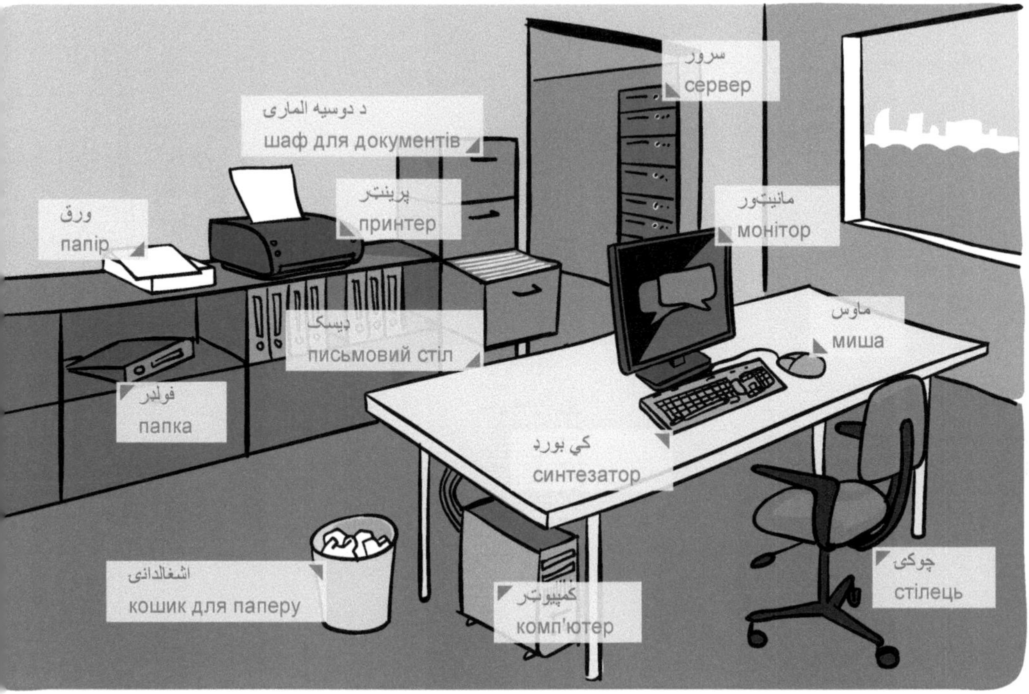

سرور
сервер

د دوسیه الماری
шаф для документів

مانیټور
монітор

پرینتر
принтер

ورق
папір

ماوس
миша

دیسک
письмовий стіл

فولدر
папка

کي بورد
синтезатор

اشغالدانی
кошик для паперу

کمپیوتر
комп'ютер

چوکی
стілець

د کافي پیاله

кавовий кухоль

کالکولیتر

калькулятор

انترنیټ

інтернет

لپ ټاپ

ноутбук

لیک

лист

پیغام

повідомлення

موبایل

мобільний телефон

نیټورک

мережа

فوټوکاپیر

копіювальний пристрій

سافټویر

програмне забезпечення

تلیفون

телефон

پلک ساکت

розетка

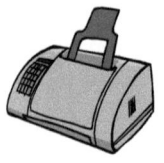

فکس مشین

факс

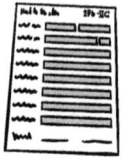

فارم

бланк

سند

документ

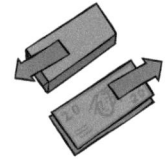

پیرل

купувати

تادیه کول

платити

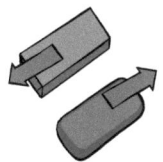

سوداگري کول

торгувати

پیسی

гроші

ډالر

долар

یورو

євро

ین

ієна

ربل

рубль

سویسي فرانک

франк

رینمینبي یوان

юанів женьміньбі

روپی

рупія

د نغدي پیسو څای

банкомат

د اسعارو د تبادلي دفتر

обмінний пункт

سره زر

золото

سپین زر

срібло

تیل

нафта

انرژي

енергія

نرخ

ціна

قرارداد

контракт

مالیه

податок

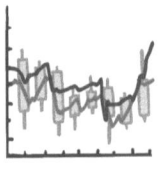

اسهام

акція

کار کول

працювати

کارمند

працівник

کار گومارونکی

роботодавець

فابریکه

фабрика

پلورنځی

магазин

مسلکونه

професії

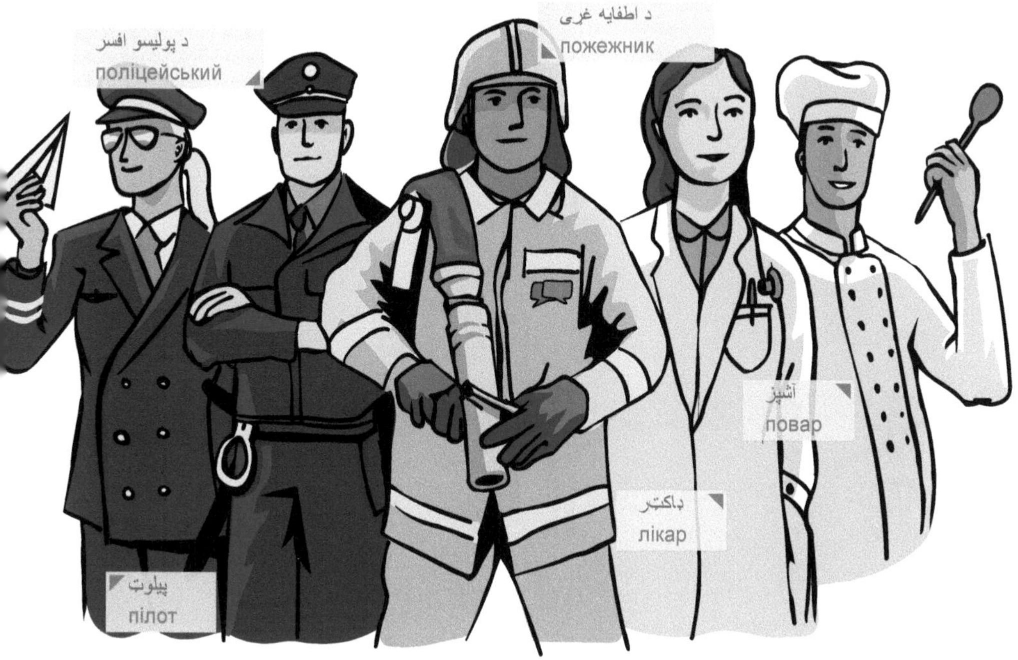

د پولیسو افسر
поліцейський
د اطفایه غړی
пожежник
آشپز
повар
ډاکټر
лікар
پیلوټ
пілот

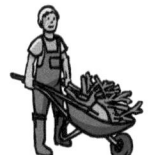

باغوان

садівник

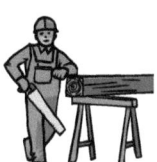

نجار

столяр

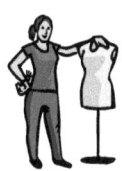

خياط

швачка

قاضي

суддя

كيميا پوه

хімік

د فلم لوبغاړی

актор

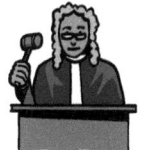

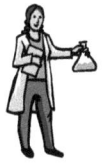

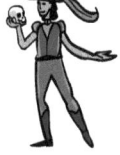

د بس ډرایور

водій автобуса

د ټيکسي ډرایور

таксист

کب نيونکی

рибалка

خدمه

прибиральниця

بام جوړونکی

покрівельник

پيشخدمت

офіціант

ښکاري

мисливець

نقاش

художник

نانوا

пекар

د برېښنا کارکونکی

електрик

تعمير جوړونکی

будівельник

انجنير

інженер

قصاب

забійник

نلدوان

бляхар

پوست رسونکی

листоноша

سرتیری

солдат

مهندس

архітектор

صراف

касир

مالیار

флорист

نایی

перукар

کلیندر

кондуктор

میکانیک

механік

کپتان

капітан

د غاښونو داکتر

дантист

ساینس پوه

вчений

بنۍاغلی

рабин

امام

імам

مذهبي نفر

монах

پادري

пастор

لوازم
інструменти

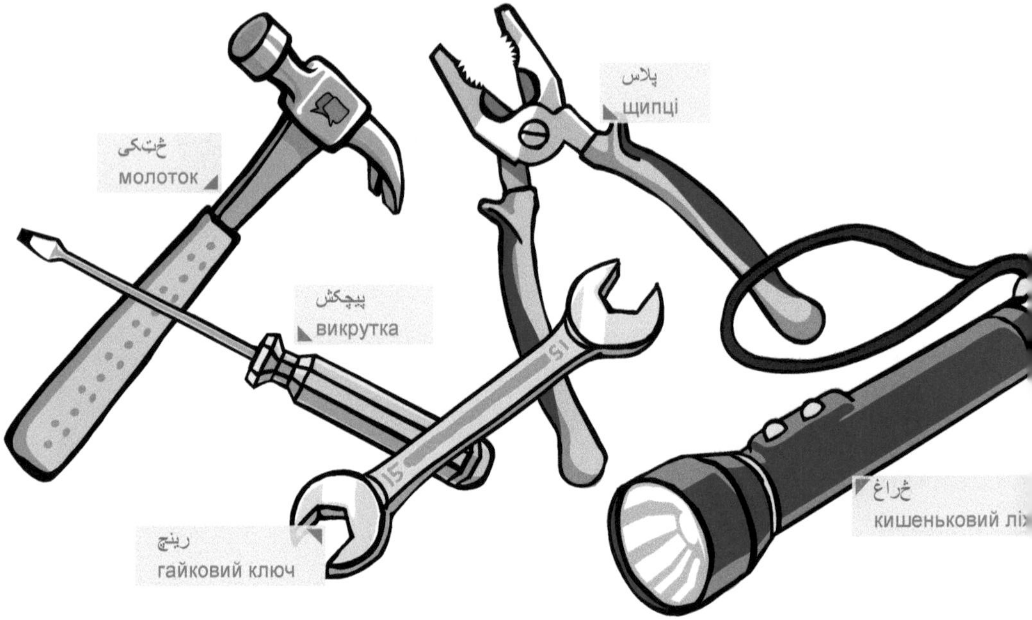

ځټکی
молоток
پیچکش
викрутка
رینچ
гайковий ключ
پلاس
щипці
څراغ
кишеньковий лі

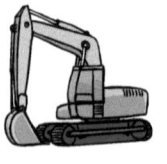

کنستونکی
....
екскаватор

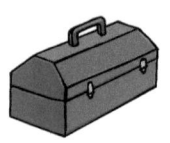

د لوازمو بکس
....
ящик для інструментів

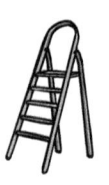

زینه
....
драбина

اره
....
пилка

میخونه
....
цвяхи

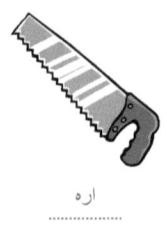

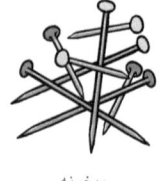

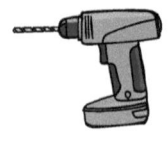

برمه
....
свердло

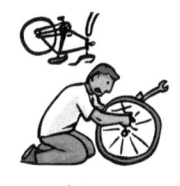

ترمیم کول

ремонтувати

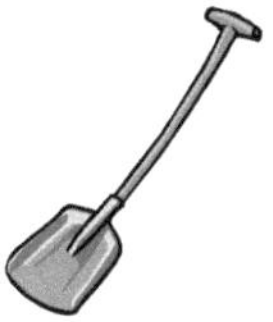

بیل

лопата

لعنت!

лайно!

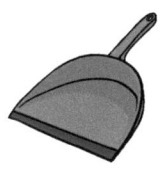

خاک انداز

совок

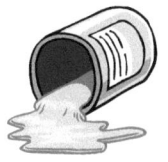

مشواڼی

відро з фарбою

پیچونه

гвинти

د میوزیک آلات

музичні інструменти

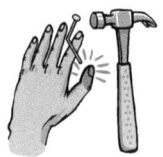

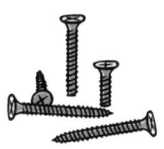

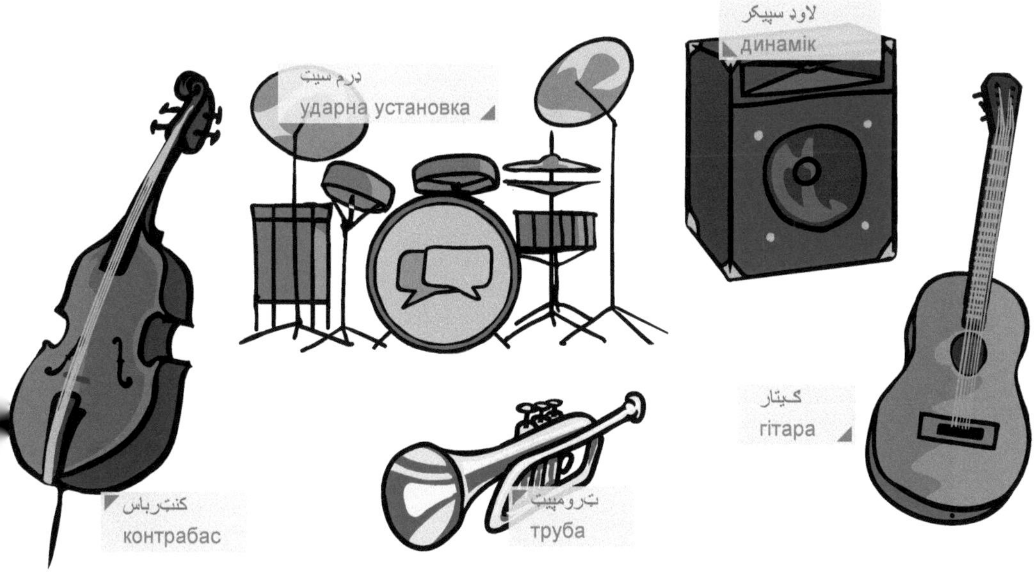

لاوډ سپیکر
динамік
ډرم سیټ
ударна установка
ګیتار
гітара
کنټرباس
контрабас
ټرومپیټ
труба

پیانو

فورتهپیانو

وایلن

скрипка

باس

бас

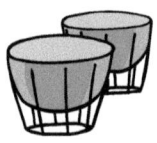

نغاره

литаври

ډرمونه

барабан

کي بورډ

клавіатура

سیکسافون

саксофон

شپیلی

флейта

مایکروفون

мікрофон

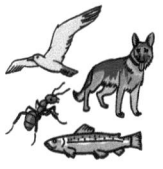

ژوبڼ
зоопарк

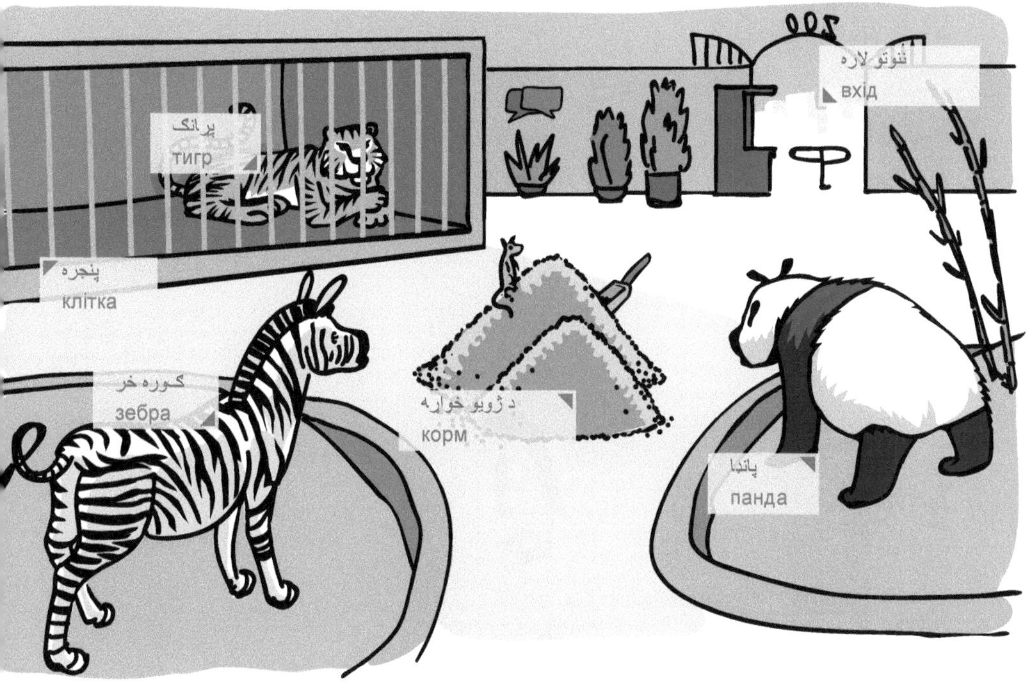

ننوتو لاره
вхід
پړانګ
тигр
پنجره
клітка
ګوره خر
зебра
د ژویو خواړه
корм
پاندا
панда

ژوی
....
тварини

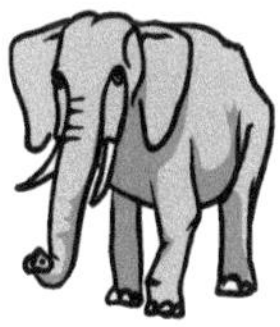

هاتي
....
слон

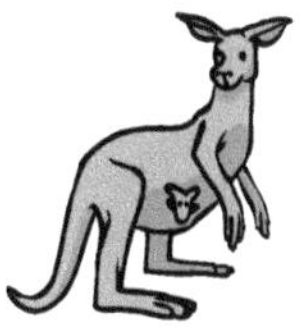

کنګرو
....
кенгуру

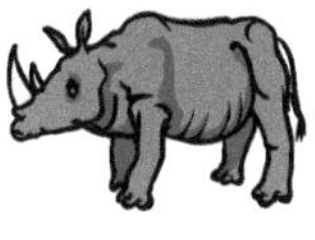

د اوبو اسپ
....
носоріг

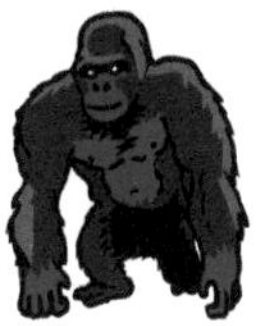

ګوریلا
....
горила

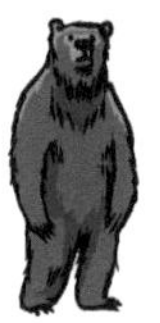

ایږه
....
ведмідь

اوښ

верблюд

شترمرغ

страус

زمری

лев

بيزو

мавпа

غزی

фламінго

طوطي

папуга

قطبي ايره

білий ведмідь

پينگوين

пінгвін

شارک

акула

طاوس

павич

مار

змія

تمساح

крокодил

ژوبن ساتونکی

працівник зоопарку

سيل

тюлень

جگوار

ягуар

یابو

پونی

پړانگ

леопард

هیپو

гіпопотам

زرافه

жираф

باز

орел

نرخوگ

кабан

کب

риба

شمشتی

черепаха

سمندري نولی

морж

گیدړه

лисиця

هوسی

газель

امریکایی فټبال
американський футбол

سایکل چلول
їзда на велосипеді

ټینس
теніс

باسکیټبال
баскетбол

لامبو
плавання

د ګنګل هاکي
хокей

باکسینګ
бокс

فټبال
....
футбол

کسیزه
....
бадмінтон

د خغاستي لوبي
....
легка атлетика

د هندبال
....
гандбол

سکي
....
лижні перегони

پولو
....
поло

ټوپ وهل
стрибати

غاړه ورکول
обіймати

خندل
сміятися

ګرځيدل
йти

سندري ويل
співати

عبادت کول
молитися

مچو کول
цілувати

خوب ليدل
мріяти

ليکل
....
писати

کښل
....
малювати

ښوودل
....
показувати

تېله کول
....
тиснути

ورکول
....
давати

اخيستل
....
брати

درلودل

мати

کول

робити

پاییدل

бути

ودریدل

стояти

منډي وهل

бігати

راکښل

тягнути

ګوزارل

кидати

لویدل

падати

څملاستل

лежати

انتظار کول

очікувати

ورل

носити

کښينستل

сидіти

پوښاک اغوستل

одягати

ویده کیدل

спати

پاڅیدل

просипатися

كتل

дивитися

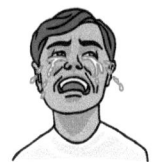

ژرل

плакати

بريد كول

гладити

كمذخ كول

розчісувати

خبري كول

розмовляти

پوهيدل

розуміти

غوښتل

питати

اوريدل

слухати

څښل

пити

خورل

їсти

پاكول

прибирати

مينه كول

любити

پخلی كول

варити

موټر چلول

їхати

الوتل

літати

بېرۍ چلول

йти під вітрилом

حساب

рахувати

لوستل

читати

زده کول

вчитися

کار کول

працювати

واده کول

одружуватися

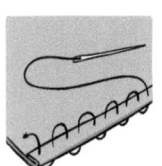

ګنډل

шити

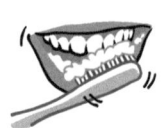

د غاښونو برس کول

чистити зуби

وژل

убивати

سګرټ څښل

курити

لېږدل

посилати

کورنۍ

сім'я

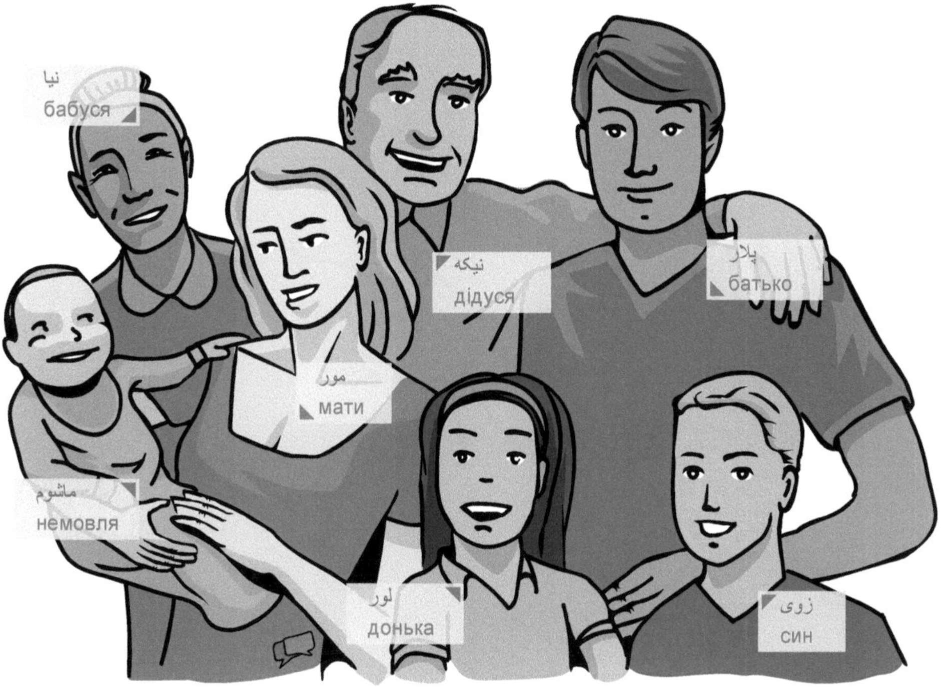
نیا
бабуся
نیکه
дідуся
پلار
батько
مور
мати
ماشوم
немовля
لور
донька
زوی
син

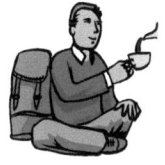

میلمه

гість

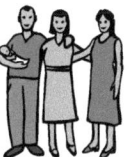

ترور

тітка

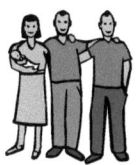

کاکا/ماما

дядько

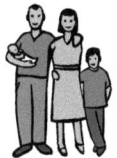

ورور

брат

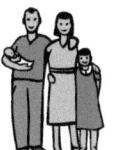

خور

сестра

بدن

тіло

تندی
чоло
سترګې
око
ګوته
палець
اوږه
плече
مخ
обличчя
زنه
підборіддя
لاس
кисть
سینه
груди
پښه
нога
مټ
рука

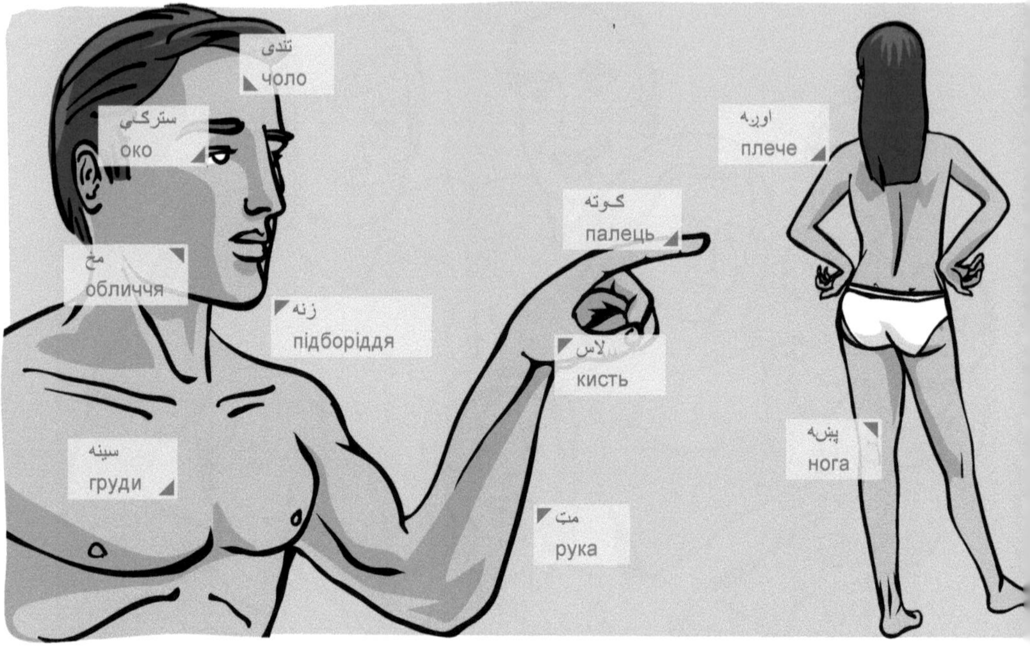

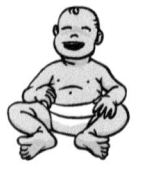

ماشوم

немовля

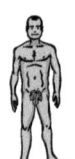

سړی

чоловік

ښځه

жінка

انجلۍ

дівчина

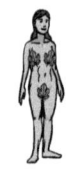

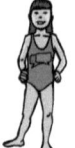

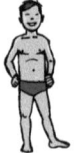

هلک

хлопчик

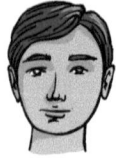

سر

голова

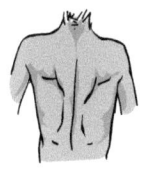

شا

спина

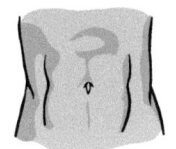

خیټه

живіт

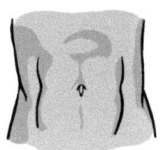

نوم

пуп

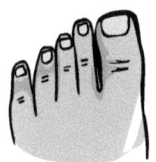

د پښې گوته

палець ноги

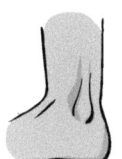

پونده

п'ята

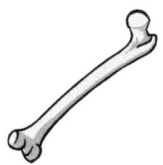

هډوکی

кістка

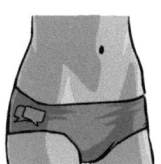

کوناټی

стегно

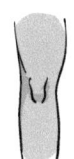

زنگون

коліно

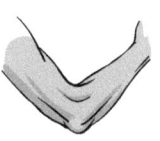

څنگل

лікоть

پوزه

ніс

لاندي برخه

сідниці

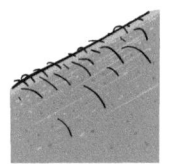

پوستکی

шкіра

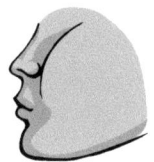

غومبوری

щока

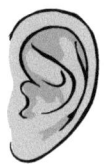

غوږ

вухо

شونډه

губа

بدن - тіло

خوله
....
рот

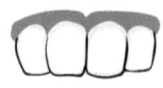

غاښ
....
зуб

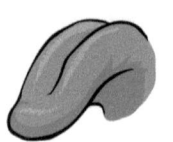

ژبه
....
язик

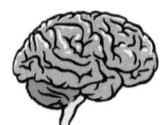

مغز
....
мозок

زړه
....
серце

عضله
....
м'яз

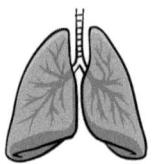

سږری
....
легені

ځيګر
....
печінка

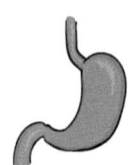

معده
....
шлунок

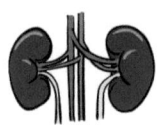

پښتورګي
....
нирки

جنسي نږدې والی
....
статевий акт

كاندوم
....
презерватив

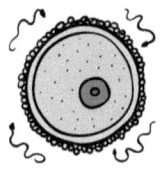

تخمه
....
яйцеклітина

مني
....
сперма

حمل
....
вагітність

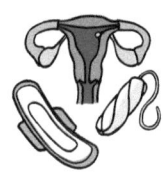

حيض

менструація

مهبل

вагіна

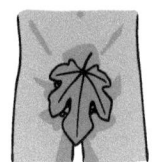

د نارينه تناسلي آله

пеніс

وروځی

брова

ويښته

волосся

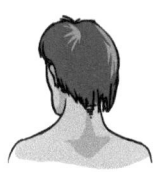

غاړه

шия

روغتون

лікарня

روغتون
лікарня
امبولانس
машина швидкої допомоги
ويل چير
інвалідний візок
كسر
перелом

ډاکټر

лікар

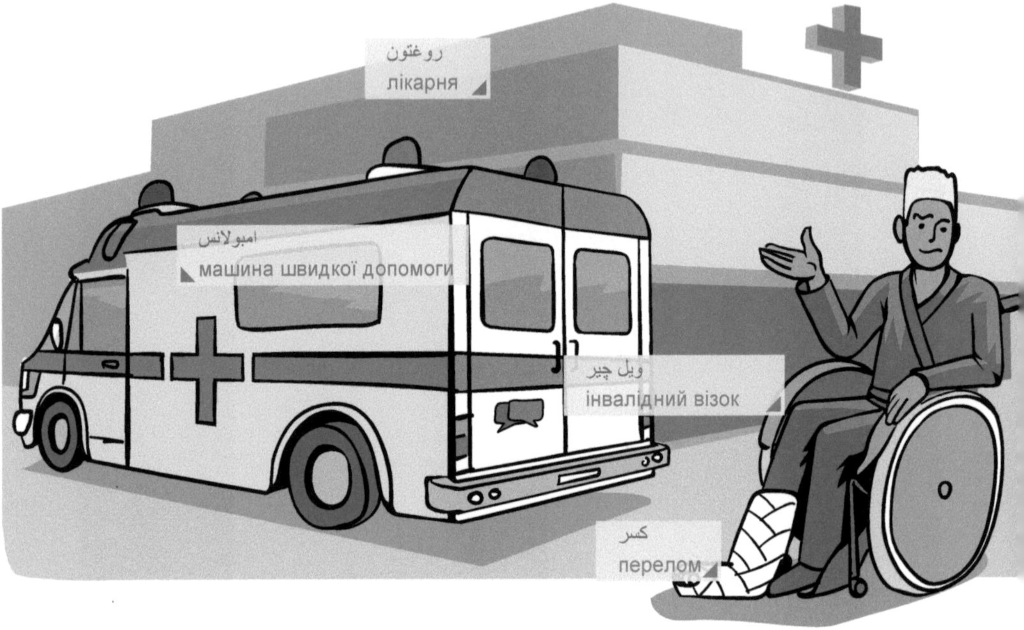

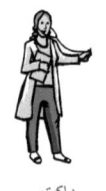

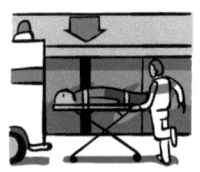

عاجل خونه

відділення швидкої медичної допомоги

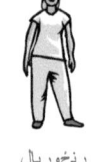

رنځورپال

медсестра

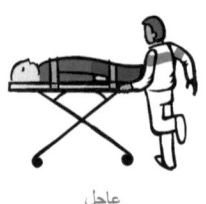

عاجل

аварійний випадок

بي هوش

непритомний

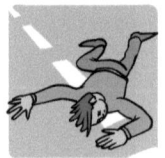

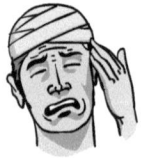

درد

біль

پټ

травма

وینه تویدل

кровотеча

د زړه حمله

інфаркт

ضرب

інсульт

حساسيت

алергія

ټوخی

кашель

تبه

лихоманка

انفلوينزا

грип

نس ناستی

пронос

سر درد

головна біль

سرطان

рак

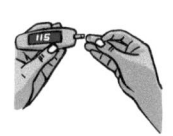

شکر

діабет

جراح

хірург

سکالپل

скальпель

عمليات

операція

سیـتـتي

КТ

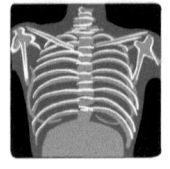

ايكس رى

рентген

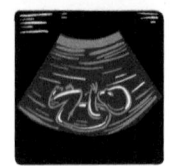

الـتـراساوند

ультразвук

د مخ ماسک

маска

ناروغي

хвороба

انتظار خونه

зал очікування

امساآ

милиця

پلستر

пластир

بنداژ

пов'язка

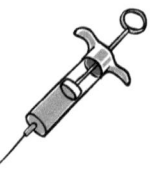

تزریق

ін'єкція

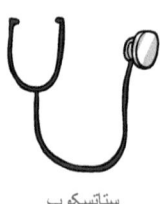

ستاتسكوپ

стетоскоп

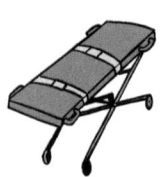

تسكیره

ноші

كلینكي ترماميتر

термометр

زیږون

народження

زیات وزن

надмірна вага

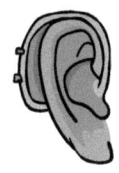

د اوریدو مرسته

слуховий апарат

د عفونیت ځخه پاکونکي مواد

дезінфікуючий засіб

عفونیت

інфекція

ویروس

вірус

ایچ.آی.وی/ایدز

ВІЛ / СНІД

درمل

медицина

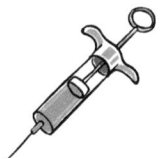

واکسین

вакцинація

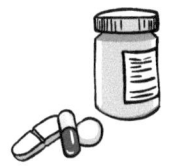

ت‌ابلیت‌س

таблетки

ګولۍ

протизаплідна пігулка

عاجل تلیفون

екстрений виклик

د وینې د فشار څارونکی

тонометр

ناروغ/روغ

хворий / здоровий

مرسته!

Допоможіть!

الارم

сигнал тривоги

يرغل

напад

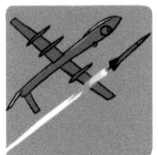

بريد

атака

خطر

небезпека

عاجل لاره

аварійний вихід

اور!

Вогонь!

د اور وژونکی

вогнегасник

پيښه

аварія

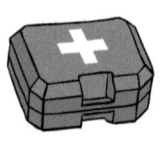

د لومړی مرستي لوازم

аптечка

ايس.او.ايس

СОС

پوليس

поліція

اروپا

Європа

شمالي امريکا

Північна Америка

سهيلي امريکا

Південна Америка

افريقا

Африка

آسيا

Азія

آستريليا

Австралія

اتلانتيک

Атлантика

پاسيفيک

Тихий океан

د هند بحر

Індійський океан

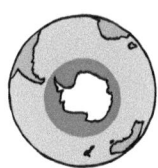

جنوبي منجمد بحر

Антарктичний океан

د شمال قطب بحر

Північний Льодовитий океан

شمالي قطب

Північний полюс

سهيلي قطب

Південний полюс

انتارکتیکا

Антарктика

ځمکه

Земля

ځمکه

суша

بحر

море

ټاپو

острів

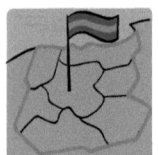

ملت

нація

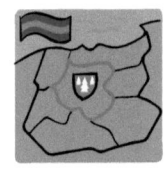

دولت

держава

ځمکه - Земля

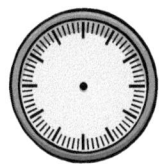

د مخي ساعت

циферблат

د ساعت ستنه

годинникова стрілка

د دقيقي ستنه

хвилинна стрілка

د ثانيي ستنه

секундна стрілка

څه وخت دی؟

Котра година?

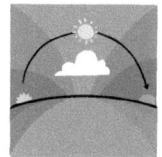

ورځ

день

وخت

час

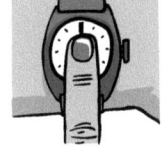

اوس

зараз

ديجيټل ساعت

цифровий годинник

دقيقه

хвилина

ساعت

година

тиждень

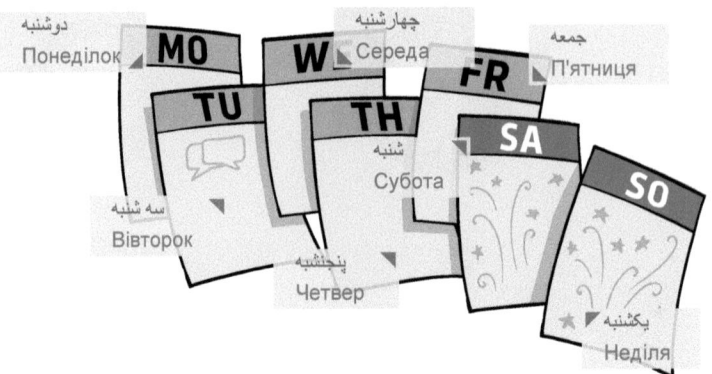

دوشنبه — Понеділок
چهارشنبه — Середа
جمعه — П'ятниця
سه شنبه — Вівторок
پنجشنبه — Четвер
شنبه — Субота
یکشنبه — Неділя

پرون
вчора

نن
сьогодні

سبا
завтра

سهار
ранок

غرمه
опівдні

مازديگر
вечір

كاري ورځي
робочі дні

د اونۍ پای
кінець робочого тижня

باران
دوщ

پسرلی
весна

اوړی
літо

رنگین کمان
веселка

باد
вітер

منی
осінь

واوره
сніг

ژمی
зима

4.APRIL	11°	☀
5.APRIL	4°	🌧
6.APRIL	13°	⛅
7.APRIL	8°	☀
8.APRIL	10°	☀

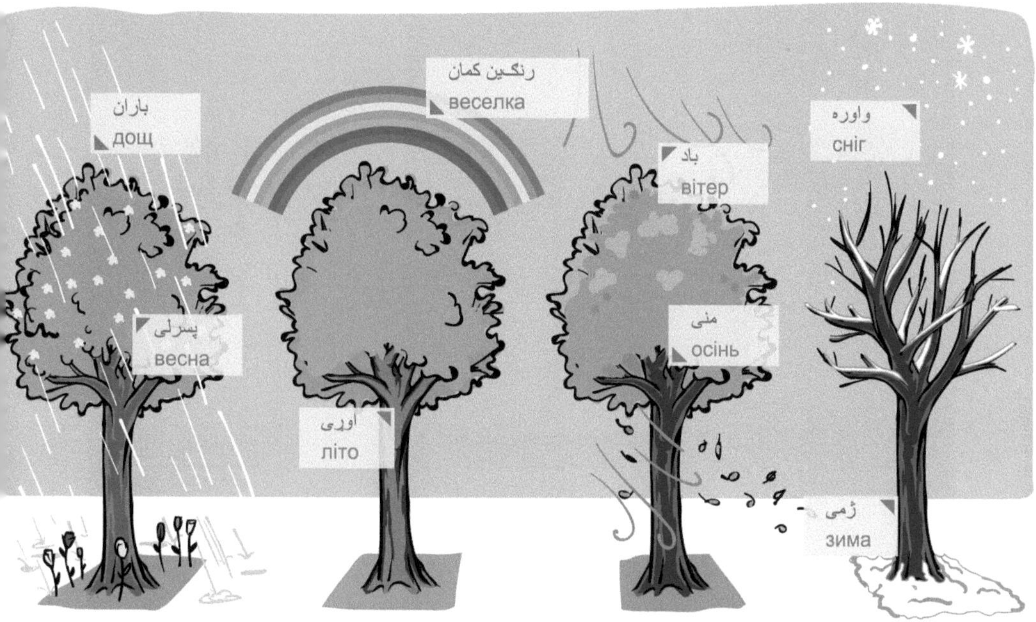

د موسم وړاندوينه

прогноз погоди

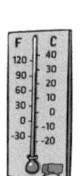

ترمومیتر

термометр

د لمر وړانگی

сонячне світло

وریځ

хмара

لړه

туман

رطوبت

вологість повітря

ابرن

блискавка

تندر

грім

توفان

шторм

ژالہ وریدل

град

مون سون باران

мусон

سیلاب

повінь

یخ

лід

جنوري

Січень

فبروري

Лютий

مارچ

Березень

اپریل

Квітень

می

Травень

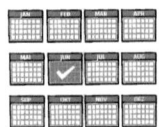

جون

Червень

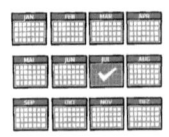

جولای

Липень

اگست

Серпень

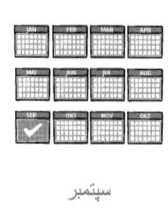

سپتمبر
....
Вересень

اکتوبر
....
Жовтень

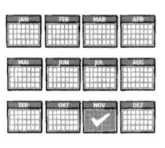

نومبر
....
Листопад

دسمبر
....
Грудень

форми

دايره
....
круг

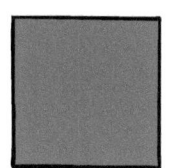

مربع
....
квадрат

مستطيل
....
прямокутник

مثلث
....
трикутник

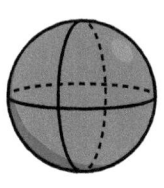

توپ
....
куля

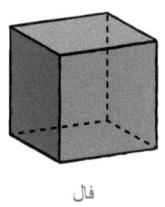

فال
....
куб

سپین

білий

ژیر

жовтий

نارنجي

помаранчевий

گلابي

рожевий

سور

червоний

ارغواني

фіолетовий

نیلي

синій

شین

зелений

نسواري

коричневий

خر

сірий

تور

чорний

خورا ډیر/خورا لږ

багато / мало

قار/ارام

лютий / мирний

ښکلی/بدشکله

гарний / бридкий

پیل/پای

початок / кінець

لوی/کوچنی

великий / малий

روښانه/تیاره

світлий / темний

ورور/خور

брат / сестра

پاک/ککر

чистий / брудний

مکمل/نامکمل

завершений /
незавершений

ورځ/شپه

день / ніч

مړ/ژوندی

мертвий / живий

پراخه/نری

широкий / вузький

د خوراک ور /نه خورل کېدونکی

ïстівний / неïстівний

بد/مهربان

злий / дружній

پاریدلی/بې خونده

збуджений / нудьгуючий

چاق/و چ

товстий / тонкий

لومړ ی/وروستۍ

спочатку / востаннє

ملگرې/دښمن

друг / ворог

ډک/تش

повний / порожній

سخت/نرم

жорсткий / м'який

دروند/سپک

важкий / легкий

لوږه/تنده

голод / спрага

ناروغ/روغ

хворий / здоровий

غیرقانوني/قانوني

незаконний / законний

هوښیار/ساده

розумний / дурний

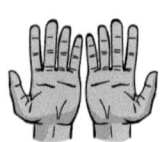

کیڼ/ښۍ

вліво / вправо

نږدې/لرې

поруч / далеко

زوړ/نوی

новий / використаний

هيڅ/يو څه

нічого / щось

بوډا/ځوان

старий / молодий

چالان/بند

вкл / викл

خلاص/ترلی

відкрито / закрито

غلی/لور غږ

тихо / гучно

بډای/غریب

багатий / бідний

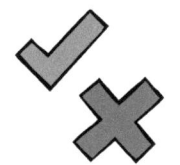

صحيح/غلط

правильно / неправильно

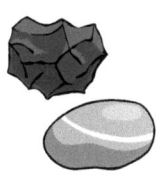

زبر/ملايم

шорсткий / гладкий

خفه/خوښ

сумний / щасливий

لنډ/اوږد

короткий / довгий

سست/ګرندی

повільно / швидко

لوند/وچ

вологий / сухий

ګرم/يخ

гарячий / холодний

جګړه/سوله

війна / мир

متضاد - протилежності

числа

0

صفر

нуль

1

یو

один

2

دوه

два

3

دري

три

4

څلور

чотири

5

پنځه

п'ять

6

شپږ

шість

7

اوه

сім

8

اته

вісім

9

نهه

дев'ять

10

لس

десять

11

یولس

одинадцять

12

سلود

дванадцять

13

سلاردید

тринадцять

14

سلارواغ

чотирнадцять

15

سلخخدپ

п'ятнадцять

16

سلرابش

шістнадцять

17

سلووو

сімнадцять

18

سلتاا

вісімнадцять

19

سلون

дев'ятнадцять

20

لش

двадцять

100

لس

сто

1.000

رز

тисяча

1.000.000

ميليون

мільйон

انگلسي

англійська

امريکايى انگلسي

американська англійська

چينايى مندرين

китайська
високочиновницька

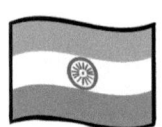

هندي

хінді

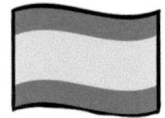

هسپانوي

іспанська

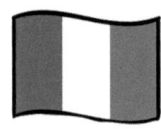

فرانسوي

французька

عربي

арабська

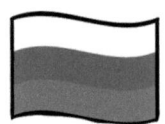

روسي

російська

پرتگالي

португальська

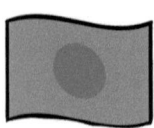

بنگالي

бенгальська

آلماني

німецька

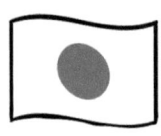

جاپاني

японська

زه

я

ته

ти

♂ ♀ ⃝

هغه/دغه/دا

він / вона / воно

موږ

ми

تاسي

ви

دوی/هغوی

вони

څوک؟

хто?

څه؟

що?

څنګه؟

як?

چيري؟

де?

کله؟

коли?

نوم

ім'я

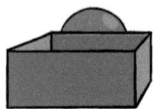

شاته

ззаду

پە

в

پە مخه کی

перед

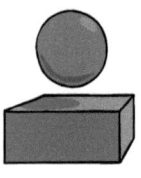

باندي

над

پە

на

لاندي

під

برسیره پر

біля

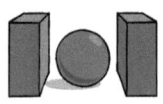

ترمینځ

між

ځای

місце